Bibliografische Information der Deutschen Nationalbibliothek:

Die Deutsche Bibliothek verzeichnet diese Publikation in der Deutschen National-
bibliografie; detaillierte bibliografische Daten sind im Internet über http://dnb.d-
nb.de/ abrufbar.

Impressum:

Copyright © 2017 GRIN Verlag
Druck und Bindung: Books on Demand GmbH, Norderstedt Germany
ISBN: 9783346181084

Dieses Buch bei GRIN:

https://www.grin.com/document/593490

Michael Lindner

Information und Beratung

GRIN Verlag

GRIN - Your knowledge has value

Der GRIN Verlag publiziert seit 1998 wissenschaftliche Arbeiten von Studenten, Hochschullehrern und anderen Akademikern als eBook und gedrucktes Buch. Die Verlagswebsite www.grin.com ist die ideale Plattform zur Veröffentlichung von Hausarbeiten, Abschlussarbeiten, wissenschaftlichen Aufsätzen, Dissertationen und Fachbüchern.

Besuchen Sie uns im Internet:

http://www.grin.com/

http://www.facebook.com/grincom

http://www.twitter.com/grin_com

Technische Universität Kaiserslautern

Distance And Independent Studies Center (DISC)

Fernstudium „Erwachsenenbildung"

Einsendeaufgaben zum Modul EB 0900 „Information und Beratung"

Einsendeaufgabe 1

Die institutionelle und finanzielle Absicherung der Weiterbildungsberatung ist nicht immer gewährleistet und der Bestand an Bildungsberatungsstellen und Weiterbildungsberatungsdiensten für Erwachsene nach wie vor gering. In dieser Aufgabe soll Stellung dazu genommen werden, warum Weiterbildungsberatung heute unter den Prozessen der Individualisierung und Pluralisierung in unserer Gesellschaft immer bedeutsamer wird.

Lösung

Die institutionelle und finanzielle Absicherung der Weiterbildungsberatung war früher und ist heute immer noch schwierig. Gründe hierfür gibt es einige. Beispielsweise kann angeführt werden, dass die starke Heterogenität und die Pluralität der Weiterbildungsanbieter verhindern, dass in vielen Regionen eine trägerübergreifende Beratung und eine entsprechende Institutionalisierung greifen. Auch konnte die Weiterbildungsberatung nur selten als kommunale Pflichtaufgabe durchgesetzt werden. Zudem müssen in der Beratung Tätige ihre Qualifikationen meist auf individuellem Wege erwerben, da eine systematische Aus- und Weiterbildung auf diesem Gebiet fehlt.[1] Da die Weiterbildungsberatung aber eine Gelenkfunktion zwischen der Nachfrage nach Weiterbildung und den entsprechenden Anbietern darstellt, ist ihre Aufgabe, dieses Zusammentreffen zu analysieren und sowohl den Anbietern als auch den nachfragenden Individuen gerecht zu werden.[2] Daraus abgeleitet hat der Deutsche Bildungsrat im Jahr 1970 gefordert, dass die Differenzierung im Bildungswesen es notwendig mache, „dem Lernenden durch sachkundige Beratung zu helfen, damit er die Bildungsangebote und Lernmöglichkeiten wählen kann, die die Entfaltung seiner Persönlichkeit fördern und ihm gleichzeitig berufliche und gesellschaftliche Chancen bieten. Auch die Berufswelt [sei, M.L.] für den einzelnen so unübersichtlich, daß die Wahl seines Bildungsweges zu einer schwierigen Entscheidung geworden ist."[3]

Es etablierte sich in den Folgejahren der Konsens über die Gründe und die Notwendigkeit der Weiterbildungsberatung. Sie war in dem Zusammenhang immer adressaten- und zielgruppenorientiert, wobei sie sich in die Tradition einer aufklärerisch ambitionierten Demokratisierung der Gesellschaft einordnete und einen Beitrag zur Reduzierung von Ungleichheit leisten wollte. „Im Zuge des aktuellen gesellschaftlichen Wandels wird Beratung zunehmend als Handlungsform im Kontext von Weiterbildung diskutiert. Dabei setzt Beratung bei biografischen Bildungsentscheidungen von Individuen ebenso wie bei deren Lernprozessen selbst an, welche durch Beratung ausgelöst, ermöglicht

---

[1] vgl. Tippelt, R. & Legni, C., „Weiterbildungsinformation und -beratung", Seite 1.
[2] vgl. ebd., Seite 2.
[3] ebd., Seite 25.

oder unterstützt werden können."[4] „In dem Maße, in dem aber im Zuge der Individualisierung von Lebensverläufen und der Pluralisierung von Lebenslagen die Zuordnung von Gruppen zu sozialen Strukturbedingungen schwieriger geworden ist, wird auch die eindeutige Definition von Zielgruppen komplizierter."[5] Seit den 1990er Jahren scheint hier der Milieuansatz differenziertere, an modernen Gegebenheiten angelehnte Anhaltspunkte zu liefern. Ein soziales Milieu ergibt sich dabei aus der Kombination von Lebenslagen (Wohn-, Arbeits-, Freizeitbedingungen, finanzielle Ressourcen, Bildungsressourcen, Prestige etc.) und Lebensstilen (mehr oder minder frei gewählte, gesellschaftlich typische Muster des Alltagsverhaltens).

„Eine Orientierung der Erwachsenenbildung sowie der Weiterbildungsberatung an der Pluralität der Lebenslagen der Bevölkerung ist [in der heutigen Zeit, mehr noch als früher, M.L.] unabdingbar. Aufgrund der regionalen, sozialen und kulturellen Ausdifferenzierung der Gesellschaften ist eine einheitliche Beschreibung der Lebensverhältnisse nicht mehr möglich. Weiterbildungsberatung kann sich daher nicht auf wenige Großgruppen der Bevölkerung (z.B. Berufsgruppen, Altersgruppen, Frauen, Männer) konzentrieren, und sie ist [...] mit der sozialen Pluralisierung und Polarisierung in modernen Gesellschaften konfrontiert."[6] Die Individualisierung der Lebensverläufe und die Pluralisierung der Lebenslagen nehmen hierbei eine besonders gewichtige Position ein und machen die Weiterbildungsberatung in diesem Kontext besonders bedeutsam. Um aber zielgruppenspezifisch und adäquat beraten zu können, ist die Kenntnis über Lebenswelten und Lebensumstände zum einen sowie der jeweils milieuspezifischen Interessen, Barrieren und Ansprüche zum anderen für die Beratung unbedingt erforderlich. Die Weiterbildungsberatung ist also direkt vom gesellschaftlichen Wandel, sprich der Individualisierung und der Pluralisierung der Lebensläufe betroffen.

Früher wie heute suchen sich Erwachsene individuell aus Bildungsangeboten das für sie passende Angebot aus, das zu ihrer Lebenssituation und zu ihrer Biografie passt. Das Schwierige in der heutigen Zeit ist aber, dass sie sich aus traditionellen sozialen Zugehörigkeiten und Bindungen lösen (Klassen, Schichten, Familien etc.) und dies im Besonderen zur weiteren Individualisierung beiträgt. Es ist also komplizierter geworden, Individuen in einem bestimmten gesellschaftlichen Kollektiv zu verorten. Die sich daraus ergebende Fülle an unterschiedlichen Lebenssituationen, Lebensstilen und Lebensführungsmustern erschwert die individuell angepasste Weiterbildungsberatung zunehmend. Auf der anderen Seite stärkt diese Entwicklung aber auch ihre Bedeutung, denn eine solche Aufgabe kann nach Meinung des Autors nur die Weiterbildungsberatung leisten. Gab die frühere gesellschaftliche Situation den Menschen Sicherheit und

---

[4] ebd., Seite 15.
[5] ebd., Seite 69.
[6] ebd., Seite 85.

entlastete sie von Entscheidungszwängen, weil die damalige Identifikation zu sozialen Bezugsgruppen einen Orientierungsrahmen für die Lebensgestaltung vorgab, schwächt sich dieses Orientierungssystem in modernen Gesellschaften zunehmend ab. Diese Entwicklung lässt für jeden Einzelnen zwar Handlungsmöglichkeiten und Freiräume entstehen, die ihn selbst aber vor große Herausforderungen stellen. Ist er diesen Herausforderungen nicht gewachsen und in einer sozialen Krise nicht in der Lage, diese mit vorhandenen Handlungsmustern zu lösen, sucht er (nach Meinung des Autors) meist Hilfe bei der Weiterbildungsberatung. Dies stellt sie zwar vor neue anspruchsvolle Aufgaben, unterstreicht aber gleichzeitig die gestiegene Bedeutung in diesem Kontext. In der Vergangenheit vermittelten Kontrolle, Vorschriften und Bindungen der Gesellschaft und dem Einzelnen einen gewissen Halt, Schutz und Sicherheit. Der Wegfall bzw. die Entwertung dieser Aspekte bei gleichzeitiger Vergrößerung von Mobilität, Flexibilität und Variabilität hat nicht nur eine Befreiung von einengenden Strukturen zur Folge, sondern auch einen Verlust der Gemeinschaft, gleichzeitig verbunden mit hohem Risiko und einer Bedrohung für den eigenen Lebenslauf. Diese Entwicklung kann nicht nur Aufstieg, sondern auch einen Abstieg verschiedener sozialer Gruppen bedeuten. Den damit zusammenhängenden Stabilitätsverlust und auch den Verlust der Werte kann die Weiterbildungsberatung aufgreifen, in den Beratungsprozess einfließen lassen und den Ratsuchenden damit eine existentiell bedeutende Orientierung anbieten. In dem Zusammenhang stellt die Weiterbildungsberatung für das Individuum eine Art Lebensberatung dar, in der gesellschaftliche Brüche, die sich auf die individuelle Biografie niedergeschlagen haben, im Beratungsprozess aufgegriffen und im Optimalfall positiv gelöst werden. Zu beachten ist hier allerdings, dass sie nicht die Grenzen zur Therapie überschreitet.[7]

Die modernen gesellschaftlichen Entwicklungen lassen weitere Bedeutungszuwächse der Weiterbildungsberatung erkennen. Diese lässt sich längst nicht mehr nur auf ganz bestimmt gesellschaftlich-soziale Gruppierungen eingrenzen. „Die Erwachsenenbildung und die Weiterbildungsberatung beanspruchen [vielmehr, M.L.] Universalität, d.h., Weiterbildungsberatung ist auf die Lernansprüche potenziell aller gesellschaftlichen Mitglieder zu beziehen. Das Rollenkonzept von Erwachsenen selbst hat sich heute verändert. Die Lernanforderungen und die Lernbereitschaft von Erwachsenen bei der Bewältigung neu auftauchender Situationen, neuer Gruppenzugehörigkeiten, neuer Berufsrollen oder Berufsaufgaben, auch bei der Übernahme neuer sozialer Rollen (Partner-, Eltern-, Altersrollen etc.), sind enorm gewachsen. Lernen, Entwicklung und

---

[7] vgl. ebd., Seite 71 & 72.

persönliche Veränderung sind daher keine nur an die Jüngeren gerichteten Erwartungen, sondern allgemein anerkannte Normen in allen Alters- und Sozialgruppen."[8]

Zusammenfassend lässt sich somit sagen, dass die moderne Weiterbildungsberatung aufgrund der gezeigten gesellschaftlichen Veränderungen einen enormen Bedeutungszuwachs erlangt hat, dies aber gleichzeitig zur Bewältigung der gestiegenen Anforderungen eine große Sensibilität für die heterogenen Lebenslagen, Lebensziele und Lebensstile des Einzelnen und der gesellschaftlichen Gruppen erfordert. Und letztlich geht es natürlich immer darum, Einzelpersonen und Gruppen dazu zu befähigen, Entscheidungen zu treffen, um autonom ihren Lebensweg zu steuern.

---

[8] ebd., Seite 73.

Einsendeaufgabe 2

Die Weiterbildungsberatung bietet viele mögliche Problemfelder. In dieser Aufgabe sollen zunächst zwei dieser Problemfelder ausgewählt. Anhand dieser beiden Beispiele soll dann erläutert werden, wie die jeweilige Situation durch bildungspolitische, pädagogisch-praktische oder wissenschaftliche Initiativen verbessert werden kann.

Lösung

Ein Problemfeld der Weiterbildungsberatung stellt die Beratung in Bezug auf das nicht-formale Lernen und der informell erworbenen Kompetenzen dar. Der Lernprozess des nicht-formalen Lernens ist zwar geplant, durch Lernziele und -zeiten zielgerichtet und im Normalfall auch durch eine Lehrperson unterstützt (hierzu können Alphabetisierungskurse, innerbetriebliche Weiterbildungsprogramme für Mitarbeiter oder strukturiertes Online-Learning zählen), jedoch werden bei erfolgreichem Abschluss keine Bildungszertifikate ausgestellt; zumindest keine, die unter eine staatliche Regelung fallen. Informelles Lernen findet im Vergleich dazu im alltäglichen Leben statt und der zentrale Unterschied zum nicht-formalen Lernen liegt im Besonderen darin, dass das Lernen nicht zwingend beabsichtigt und nicht strukturiert ist. Zum einen kann hierzu die Berufserfahrung zählen, zum anderen aber auch ganz allgemein die erworbene Lebenserfahrung (z.B. Sprachkenntnisse durch einen Sprachaufenthalt, Erfahrung im Umgang mit Problemkindern und -jugendlichen durch freiwillige Jugendarbeit oder die Fähigkeit, die Leitung einer Abteilung am Arbeitsplatz zu übernehmen). Auch dieses Lernen mündet üblicherweise ebenfalls nicht in ein Zertifikat. Die Frage, die sich bei beiden Lernformen aber zunehmend stellt und die Schwierigkeit, die dabei zu bewältigen ist, ist die, wie man diese Art des Lernens und den damit in Zusammenhang stehenden Kompetenzerwerb sowohl in der allgemeinen als auch in der beruflichen Bildung zertifizieren kann. „Bildungsberatung in diesem Sinne muss transparent sein und zur Initiierung der Selbstreflexion von Lernbiografien beitragen. […] Bildungsberatung hat eine große Relevanz, um durch Selbstreflexion des eignen Könnens nonformale Lernereignisse auch nach außen darstellen zu können."[9]

Bildungspolitisch existieren verschiedene Initiativen, die dazu beitragen sollen, dass „in den postmodernen Patchworkbiografien die nonformalen Lernleistungen sichtbar und zertifizierbar werden."[10] Im europäischen Kontext wurden beispielsweise sogenannte APEL-Programme entwickelt, die die Anerkennung von früher erworbenen Kenntnissen insbesondere von informellem und nicht-formalem Lernen zu einem zentralen Bestandteil für das lebenslange Lernen in Europa machen. APEL bedeutet 'Accreditation of

---

[9] Tippelt, R. & Legni, C., „Weiterbildungsinformation und -beratung", Seite 53.
[10] ebd., Seite 53.

Prior and Experiential Learning' und steht dabei als Oberbegriff für alle Formen der Anerkennung.

Um im Sinne von APEL Bildungsberatung qualitativ hochwertig und zielgerichtet durchführen zu können, ist es notwendig, dass Bildungsinstitutionen Kriterien zum Zugang zu ihren Bildungsmaßnahmen exakt formulieren und ihre Anforderungen dazu explizit offenlegen und begründen. Nur unter dieser Voraussetzung haben Bewerber eine Chance mit Hilfe der Bildungsberatung ihre Lernprofile auf die Anforderungen der Institutionen einzustellen und in den reflexiven Prozessen der Bildungsberatung die mögliche Bedeutung von durch nonformales Lernen erworbenem Wissen zu betonen. Dies setzt Lernprozesse sowohl aufseiten der Institutionen wie aufseiten der Individuen voraus.[11]

Daneben gibt es (bildungspolitisch betrachtet) weitere EU-Programme und -Projekte, die das nicht-formale und informelle Lernen fördern und eine bessere Verwendung von Lernergebnissen, die in den verschiedenen Lernumgebungen erzielt wurden, ermöglichen sollen. Unter dem Begriff ERASMUS+ werden verschiedene EU-Unterprogramme zusammengefasst: COMENIUS (Schulische Bildung), ERASMUS (Hochschulbildung und akademische Ausbildung), LEONARDO DA VINCI (Berufliche Bildung) und GRUNDTVIG (Erwachsenenbildung). „Das auf sieben Jahre angelegte Programm soll Kompetenzen und Beschäftigungsfähigkeit verbessern und u.a. die Modernisierung der Systeme der allgemeinen und beruflichen Bildung voranbringen. Ein wichtiges Ziel ist die Bekämpfung der Jugendarbeitslosigkeit in Europa, indem junge Menschen die Möglichkeit erhalten, ihre Kompetenzen und Fähigkeiten durch Auslandserfahrungen zu erweitern. Damit trägt das neue EU-Programm zur Erreichung von Zielen verschiedener europäischer Bildungsagenden (z.B. Europa 2020-Strategie, ET 2020) bei."[12] Und auch die Verbesserung der Transparenz und der Anerkennung von Qualifikationen und Kompetenzen, einschließlich derjenigen, die im Rahmen des nicht formalen oder informellen Lernens erworben wurden, gehört zu den operativen Zielen dieser Programme.[13]

Im europäischen Kontext sind in dem Zusammenhang noch EUROPASS und ECVET zu nennen. „Der EUROPASS umfasst derzeit die fünf Transparenzdokumente EUROPASS Lebenslauf, EUROPASS Sprachenpass, EUROPASS Mobilität, EUROPASS Zeugniserläuterung und EUROPASS Diploma Supplement. Mit den EUROPASS-Instrumenten können persönliche Fähigkeiten, Kompetenzen und Qualifikationen in

---

[11] vgl. ebd., Seite 53.
[12] Staatsinstitut für Schulqualität und Bildungsforschung (ISB), „EU-Bildungsprogramme" (2017) [online].
[13] vgl. Gutschow, K. u.a., „Anerkennung von nicht formal und informell erworbenen Kompetenzen", Seite 18 [online].

verständlicher und nachvollziehbarer Form präsentiert werden. Damit sollen die EU-ROPASS-Instrumente zur Transparenz im europäischen Kontext beitragen. Elemente, die dem Sichtbarmachen auch von informell oder nicht formal erworbenen Kompetenzen dienen, sind insbesondere der EUROPASS Lebenslauf und der EUROPASS Sprachenpass."[14] Unter ähnlichen Gesichtspunkten ist das Thema ECVET zu sehen. „Die Empfehlung des Europäischen Parlaments und des Rates zur Einrichtung eines Europäischen Leistungspunktesystems für die Berufsbildung (ECVET) vom 18.06.2009 zielt darauf ab, die Anrechnung, Anerkennung und Akkumulierung von Lernergebnissen, die eine Einzelperson in formalen, nicht formalen und informellen Zusammenhängen erzielt hat, auf Gemeinschaftsebene zu fördern und zu verbessern. Den Mitgliedstaaten wird empfohlen, [...] die Rahmenbedingungen für eine schrittweise Anwendung von ECVET herzustellen [...] und die [...] Zeit für die Erprobung und Überprüfung des ECVET Instrumentariums zu nutzen."[15]

Auf nationaler (deutscher) Ebene soll der sogenannte ProfilPASS die Beratungsproblematik in Bezug auf das nicht-formale Lernen und den informell erworbenen Kompetenzen verbessern. „Im Kontext ihres Programms ‚Lebenslanges Lernen' startete die Bund-Länder-Kommission für Bildungsplanung und Forschungsförderung im Jahr 2002 das bundesweite Projekt ‚Weiterbildungspass mit Zertifizierung informellen Lernens'. Der daraus entstandene ProfilPASS soll die in unterschiedlichen Zusammenhängen erworbenen Kompetenzen dokumentieren."[16] Die Arbeit mit dem ProfilPASS beruht auf zwei Säulen: dem ProfilPASS-Portfolio und der ProfilPASS-Beratung. Mit dem ProfilPASS-Portfolio wird zunächst eine strukturierte Sammlung von Materialien für die Reflexion der bisherigen persönlichen Berufs- und Lebenserfahrungen angelegt. Dabei werden beispielsweise Kompetenzen in den Bereichen Familie, Freizeit, Ehrenamt und im beruflichen Werdegang berücksichtigt. In der anschließenden ProfilPASS-Beratung (durch professionelle ProfilPASS-Berater) werden Interessen und Erfahrungen systematisch ermitteln, die persönlichen Ziele geplant, sowie Kompetenzen abgeleitet, formuliert und bewertet. So entsteht ein individuelles Kompetenzprofil.[17]

Ein weiteres Problemfeld der Weiterbildungsberatung ergibt sich u.a. aus der Komplexität des gesamten Weiterbildungsbereichs. Diese Komplexität entsteht zum einen aus der Pluralität der Weiterbildungsträger und zum anderen aus der Vielfalt von Weiterbildungszielen und Lernwegen. Berücksichtigt man unter Beachtung dieser Komplexität zudem, dass Weiterbildungsberater (aus den unterschiedlichsten Gründen) oft nicht

[14] Gutschow, K. u.a., „Anerkennung von nicht formal und informell erworbenen Kompetenzen", Seite 18 [online].
[15] Gutschow, K. u.a., „Anerkennung von nicht formal und informell erworbenen Kompetenzen", Seite 18 [online].
[16] Tippelt, R. & Legni, C., „Weiterbildungsinformation und -beratung", Seite 53.
[17] vgl. DIE - Leibniz-Zentrum für Lebenslanges Lernen e.V., Servicestelle ProfilPASS [online].

ausreichend auf ihre Aufgaben vorbereitet sind, ergibt sich daraus das offenkundige Problem der unzureichenden Informationsbeschaffung. Die Qualität der Weiterbildungsberatung ist nämlich in erheblichem Maße davon abhängig, welcher Umfang und welche Qualität der Informationen für die jeweilige Beratung zur Verfügung stehen.[18]

„Zwar informieren die Träger mehr oder weniger kontinuierlich über ihre Angebote, aber um eine qualitative Beratungsleistung zu erbringen, müssten auch berufsfachliche und arbeitsmarktpolitische Entwicklungen zu diesen Angeboten in Beziehung gesetzt werden, und es müssten die einschlägigen gesetzlichen Regelungen für Beratungszwecke rezipiert und aufbereitet werden."[19]

Um diese Situation zu verbessern, könnten beispielsweise datengestützte Informationssysteme zum Einsatz kommen (u.a. Datenbanken). Zweifelsfrei ist die Verwendung von datenbankbasierten Informationssystemen in und bei der professionellen Weiterbildungsberatung zwar sinnvoll, allerdings ist diese Art der Unterstützung noch mit unterschiedlichen (technischen und inhaltlichen) Schwierigkeiten behaftet und nicht problemfrei und uneingeschränkt einsatzbar. Im Folgenden soll auf diese Schwierigkeiten eingegangen und auf Kriterien aufmerksam gemacht werden, die beim Einsatz zu beachten und zu verbessern sind.

In räumlicher Hinsicht können regionale, überregionale, europaweite und institutionsbezogene Systeme unterschieden werden. Erfahrungsgemäß ist aus technischer Sicht eine Speicherung der Datenbestände auf überregionaler Ebene sinnvoll, wenn (aus Kundensicht) gleichzeitig sichergestellt wird, dass über spezielle regionale Angebote informiert werden kann.[20] „Es ist durchaus möglich, überregionale Systeme so zu gestalten, dass die Verteilung der Informationen dezentral in einzelnen Kommunen, Bezirken oder Kreisen erfolgt. Allerdings ist eine hinreichende Abstimmung der Betreiber von Datenbanken dazu erforderlich."[21]

Auch bestimmte inhaltliche Kriterien können in Weiterbildungsdatenbanken zu Problemen führen. „Unter inhaltlichen Kriterien werden allgemeine, berufliche und wissenschaftliche Weiterbildungsangebote differenziert. Die Erfahrung zeigt, dass die inhaltliche Grenzziehung häufig große Probleme bereitet, denn die Zuordnung von Weiterbildungsangeboten kann nicht trennscharf vorgenommen werden."[22] Diese Trennschärfe muss aber vorgenommen werden und gegeben sein, um solche datenbankbasierten

---

[18] vgl. Tippelt, R. & Legni, C., „Weiterbildungsinformation und -beratung", Seite 60.
[19] Tippelt, R. & Legni, C., „Weiterbildungsinformation und -beratung", Seite 60.
[20] vgl. ebd., Seite 61.
[21] ebd., Seite 61.
[22] ebd., Seite 61.

Informationssysteme qualitativ hochwertig in der Weiterbildungsberatung einsetzen zu können.

„Die Qualität der Beratung ist auch durch die Informationsaufbereitung stark beeinflusst. Es wäre sehr sinnvoll, wenn vergleichbare Informationen, die bestimmten Mindeststandards entsprechen, beim Dateninput von Weiterbildungsdatenbanken berücksichtigt würden. Datenbanken sind derzeit nicht kompatibel und halten auch nicht gewisse Mindestinhalte fest. Die Konzertierte Aktion Weiterbildung (1990) hat einen Mindestkatalog aufzunehmender Informationen in Anlehnung an die Informationsmerkmale der Bundesanstalt für Arbeit vorgeschlagen, damit folgender Katalog eingehalten wird: Bildungsziel/Bezeichnung der Maßnahme, Land, Veranstaltungsort, Anschrift der Bildungseinrichtung, Träger der Bildungseinrichtung, Gebühren/Kosten, Förderungsmöglichkeiten, schulische Vorbildung, Art der vorausgesetzten betrieblichen oder schulischen Berufsausbildung/zugelassener Personenkreis, Art und Dauer einer geförderten Berufspraxis/Vorpraxis, Unterrichtsform, Unterrichtstage/-zeiten, Beginn/Anmeldetermin, Dauer, Bildungsschwerpunkte, Abschluss/Abschlussart, Besonderheiten, Schlagwörter."[23] Eine Übertragung dieses Mindestkatalogs auf die räumlich und inhaltlich unterschiedlichen Datenbanken und damit eine Einhaltung eines Standards der Information verschiedener Datenbanken ist dringend anzuraten. Nur so kann gewährleistet werden, dass der Einsatz dieser Systeme einen Beitrag dazu leistet, das angesprochene Problemfeld positiv zu beeinflussen und die Situation zu verbessern.

Einer Untersuchung von Weiterbildungsdatenbanken der Stiftung Warentest aus dem Jahr 2003 zufolge gab es zu dem Zeitpunkt weitere Schwachpunkte in diesen Systemen. Die Daten einiger getesteter Informationssysteme waren nicht auf der Höhe der Zeit. Das bedeutet, gefundene Einträge waren veraltet und wiesen eine mangelnde Aktualität auf. Auch die Suchfunktion diverser Datenbanken ließ eine fehlertolerante Suchmöglichkeit vermissen. Schreibfehler wurden beispielsweise nicht ‚verziehen'. Eine nicht vorhandene Einführung in die Funktionalität und fehlende Hilfefunktionen erschwerten die Anwendung der Systeme. Auch eine sogenannte Barrierefreiheit war nur bei wenigen Datenbanken integriert.[24]

„Trotz benennbarer Probleme ist die Hilfe von Informationssystemen bei der Informationsbeschaffung und -aufbereitung immer wichtiger, denn die Marktorientierung, Pluralität und Dezentralität der Einrichtungen und insbesondere die individuelle Selbststeuerung der Weiterbildungsteilnehmer haben in den letzten Jahren weiter zugenommen. Der Weiterbildungsbereich ist daher allgemein auf eine hohe Qualität der Beratung und

---

[23] Tippelt, R. & Legni, C., „Weiterbildungsinformation und -beratung", Seite 61.
[24] vgl. Stiftung Warentest, Weiterbildungs-Datenbanken [online].

im Besonderen auf eine hohe Qualität der Informationsbeschaffung und -aufbereitung angewiesen."[25] Und intelligente und gut gestaltete datengestützte Informationssysteme und Datenbanken können hierzu einen sehr wichtigen Beitrag leisten.

---

[25] Tippelt, R. & Legni, C., „Weiterbildungsinformation und -beratung", Seite 61 & 62.

Einsendeaufgabe 3

In dieser Aufgabe soll das Beratungsfeld erläutert werden, dass nach Meinung des Autors aktuell besonders an Bedeutung gewinnt.

Lösung

Seit die Bildungs- und Weiterbildungsberatung existiert, lässt sie sich in unterschiedliche Beratungsfelder unterteilen, die sich auch zudem auf verschiedene Schwerpunkte fokussieren. So können beispielsweise die Adressaten im Fokus stehen. Hier sind die Lernenden bzw. Ratsuchenden zu nennen, aber ggf. auch deren Eltern und die Lehrer und Dozenten, die in den jeweiligen Prozess involviert sind. Auch Ausbildungsberater, Berufsberater und Schullaufbahnberater selbst können zur Adressatengruppe der Bildungs- und Weiterbildungsberatung zählen. Die Beratungsleistungen können darüber hinaus aber auch auf Weiterbildungsträger und -einrichtungen ausgerichtet sein. Eine erste Ausdifferenzierung der Weiterbildungsberatung findet sich im Strukturplan des Deutschen Bildungsrates aus dem Jahre 1970. Weiterhin besteht die Möglichkeit, die Beratungsfelder inhaltlich zu fokussieren. Beispielsweise auf die Schullaufbahn, die Berufsbildung oder auf die Öffentlichkeitsarbeit.[26]

Diese in den 70er- und 80er- Jahren des 20. Jahrhunderts entstandenen Ausdifferenzierungen wurden in den darauffolgenden Jahren und Jahrzehnten aber weder bildungspolitisch noch wissenschaftlich in gleicher Intensität weiterverfolgt. Trotz der Anerkennung als Grundlagenthematik fand in der Bildungs- und Weiterbildungsberatung aufgrund finanzieller Probleme und trägerseitiger Kooperationsbarrieren weder systematisch noch institutionell eine Weiterentwicklung statt. Aufgrund der aktuellen gesellschaftlichen Entwicklungen rückt die Beratung und die Anforderungen an diese allerdings wieder verstärkt in den Fokus. Ansatzpunkte der ‚modernen' Bildungs- und Weiterbildungsberatung sind die Lernprozesse der Individuen und deren biografische Bildungsentscheidungen.[27]

Prof. Dr. Christiane Schiersmann hat in dem Zusammenhang 2011 speziell den Bereich der Weiterbildungsberatung in einer analytischen Ausdifferenzierung in zwei Bereiche aufgeteilt. Auf der einen Seite die organisationsbezogene Beratung und auf der anderen Seite die personenbezogene Beratung. „Mit der organisationsbezogenen Beratung werden im Besonderen die Qualifizierungsberatung für Betriebe beschrieben sowie die Organisationsberatung von Weiterbildungseinrichtungen. Die personenbezogene Beratung umfasst dagegen die Bildungsberatung in einem engeren Sinne, also

---

[26] vgl. Tippelt, R. & Legni, C., „Weiterbildungsinformation und -beratung", Seite 11 ff.
[27] vgl. ebd., Seite 15.

die Orientierungs-, die Kompetenz- und die Qualifizierungsberatung auf der einen Seite und die Lernberatung auf der anderen Seite."[28]

In der heutigen „Wissensgesellschaft stellt die ständige Weiterentwicklung von Wissen und Kompetenzen [...] eine wesentliche Aufgabe dar, wofür Unterstützungsstrategien im Bereich Beratung und dementsprechend kompetentes Personal erforderlich sind."[29] Aus diesem Grund stellt nach Ansicht des Autors im Besonderen die Kompetenzentwicklungsberatung das Beratungsfeld dar, das aktuell am ehesten an Bedeutung gewinnt und in den nächsten Jahren (und Jahrzehnten) aufgrund der weiteren gesellschaftlichen Entwicklungen noch bedeutender werden wird. Diese gesellschaftlichen Entwicklungen sind vor allem durch voranschreitende Individualisierungen und die daraus folgende Pluralisierung der Lebensläufe geprägt. Die damals populäre inputorientierte Erzeugungsdidaktik tritt mehr und mehr in den Hintergrund. Moderne Weiterbildungsprozesse orientieren sich zunehmend an der selbstbestimmten und selbstgesteuerten Ermöglichungsdidaktik. So genügt die reine Wissensvermittlung (als Grundlage einer erzeugungsdidaktischen Herangehensweise) den modernen Weiterbildungsanforderungen nicht mehr und ist ihnen auch nicht mehr gewachsen. An ihre Stelle tritt die Kompetenzerweiterung als Zielrichtung und Fokussierung pädagogischer und didaktischer Vorgehensweisen.

Bedingt durch diesen Wandel dominieren allgemein das informelle Lernen und im Besonderen die Kompetenzerweiterung am Arbeitsplatz, wobei die Reichweite der informellen Weiterbildung gegenüber der institutionellen Weiterbildung deutlich gestiegen ist. Grundlagen dieser Entwicklung sind zum einen ein schneller Wandel von Arbeitsanforderungen aber auch die Übertragung der Qualifizierungsverantwortung innerhalb eines Unternehmens auf den Arbeitnehmer. Durch diese Veränderungen bedingt, die stark mit dem informellen und selbstgesteuerten Lernen verknüpft sind, gilt diese Art des Lernens mit der eine Kompetenzerweiterung einhergeht, heutzutage nicht mehr als zweitrangig gegenüber dem formalen und institutionellen Lernen, sondern als ebenso wichtig und notwendig wie die formale Bildung in Bildungseinrichtungen. Während das formell organisierte Lernen auf die Vermittlung vorbestimmter Lerninhalte und Lernziele gerichtet ist, ist das informelle Lernen durch seine pädagogische Offenheit gekennzeichnet, das i.d.R. keine pädagogische Vorstrukturierung besitzt. Der Lernimpuls entsteht aus praktischen Anforderungen und das Lernen findet in der Bewältigung dieser Anforderungen statt. Zwar lassen sich Kompetenzen sicherlich auch in formalen und institutionellen Formen des Lernens entwickeln, doch findet diese Entwicklung vorwiegend im Lebens- und Arbeitsalltag der Individuen statt. Problematisch in Bezug auf das

---

[28] Kossack, P., „Bildungsberatung - Felder, Modelle und Finanzierung", Seite 11.
[29] Tippelt, R. & Legni, C., „Weiterbildungsinformation und -beratung", Seite 15.

informelle Lernen ist jedoch die noch mangelnde Transparenz der Lernergebnisse, die die Verwertung auf dem Arbeitsmarkt beeinträchtigt. Auch Bildungsabschlüsse sind überwiegend noch Absolventen formaler Bildungsgänge vorbehalten. Auch die mit der formalen Bildung kompatiblen Dokumentationsinstrumente und Zertifizierungen für informelle Lernergebnisse sind insbesondere in Deutschland noch ungenügend entwickelt.[30]

Aufgrund der beschriebenen zunehmenden Bedeutung von nonformalen bzw. informellen Lernprozessen und der zudem „international geführten Diskussion um die Erhöhung der Mobilität von Arbeitskräften und Anerkennung von Kompetenzen ist die Kompetenzentwicklungsberatung ein Feld, welches stark im Wachstum begriffen ist. Es geht dabei darum, Individuen in der Dokumentation und Bilanzierung der vorhandenen Kompetenzen sowie der Identifikation von Strategien zu deren Weiterentwicklung zu unterstützen."[31]

„Dabei werden Kompetenzen als die von Personen verfüg- und lernbaren Fähigkeiten verstanden, mit denen sich Handlungsprobleme lösen lassen. Die Kompetenzberatung kann auf eine Reihe von Modellen zur Kompetenzbilanzierung zurückgreifen. Es wird in der Regel unterschieden zwischen formativen und summativen Ansätzen der Kompetenzerfassung. Während mit der summativen Kompetenzerfassung der aktuelle Zustand von Kompetenzen bilanziert und dokumentiert wird, gehen die formativen Ansätze stärker biografieorientiert vor und verstehen die Kompetenzbilanzierung als ersten Schritt der Kompetenzentwicklung. [...] Die Kompetenzberatung greift auf die Kompetenzbilanzierungsinstrumente zurück, um mit ihnen die Ratsuchenden in der Entwicklung der eigenen beruflichen Fähigkeiten und Perspektiven zu unterstützen."[32] Kompetenzbilanzierungsinstrumente sind beispielsweise der ProfilPASS, KOMPASS oder KODE.

Bildungsberatung als Kompetenzentwicklungsberatung ermöglicht den Ratsuchenden, ihre vorhandenen Kompetenzen zu erkennen und eine konkrete Vorstellung zu deren Weiterentwicklung, Aktualisierung und Ergänzung zu entwickeln. Sie setzt also auf die Ganzheitlichkeit des Individuums, dem es dadurch ermöglicht wird, auf gesellschaftliche Veränderungen reagieren und sich einstellen zu können.

Ohne die Notwendigkeit anderer Beratungsfelder infrage zu stellen, wird die Kompetenzentwicklungsberatung nach Meinung des Autors in den nächsten Jahren den größten Bedeutungszuwachs erfahren.

---

[30] vgl. Arnold, R. u.a., „Wörterbuch Erwachsenenbildung", Seite 148 & 149.
[31] Tippelt, R. & Legni, C., „Weiterbildungsinformation und -beratung", Seite 16.
[32] Kossack, P., „Bildungsberatung - Felder, Modelle und Finanzierung", Seite 13.

Einsendeaufgabe 4

Hier sollen unterschiedliche theoretische Zugänge zur Bildungsberatung genannt und zusammenfassend vorgestellt werden.

Lösung

Psychodynamische Zugänge:

Bei den psychodynamischen Zugängen steht das Individuum im Fokus, das als Grundeinheit verstanden wird, deren Ganzheit nur in der Gesellschaft und in Bezug auf andere Menschen Ganzheit wird. Merkmal des Ratsuchenden ist hierbei vor allem, dass er als Problemträger in Erscheinung tritt. Psychodynamische Zugänge basieren hinsichtlich des Zustandekommens der Beratung auf Freiwilligkeit und nur der Ratsuchende alleine kann den angebotenen Rat annehmen oder ablehnen. Auch über Inhalte und Grenzen der Beratung müssen beide Parteien (Berater und Ratsuchender) zunächst verhandeln und gemeinschaftlich übereinkommen. Die Lernberatung hat das Lösen eines konkreten Problems in einer konkreten Situation zum Ziel, wobei in Abhängigkeit der jeweiligen Gegebenheiten einerseits nur eine andere Verhaltensweise angeregt oder andererseits ein ‚Übertragungsirrtum' einer bestimmten Lernbeeinträchtigung herausgearbeitet wird. Dabei werden synchrone und asynchrone Beratungsebenen unterschieden. Das bedeutet, um ein konkretes Problem verstehen zu können (synchrone Ebene) muss man die Lerngeschichte des Ratsuchenden nachvollziehen (asynchrone Ebene). Für ein Lernberatungsgespräch ist ein bestimmter Ablauf vorgesehen: Im ersten Schritt ist es die Aufgabe des Beraters Vertrauen zwischen beiden Parteien zu schaffen. Danach sind vom Berater bewusst oder unbewusst gesendete Zeichen des Ratsuchenden (Anzeige des Problems) zu erkennen und aufgrund seiner Wahrnehmung Gesprächs- und Beratungsangebote zu machen. Diese kann der Teilnehmer annehmen oder zurückweisen. Bezüglich der Anforderungen an den Berater steht neben der Vermittlung von theoretischen und praktischen Grundlagen vor allem seine Fähigkeit zur Reflexion des eigenen Lehr-Lernverhältnisses und der eigenen Lerngeschichte im Vordergrund. Von ihm werden außerdem ausgeprägte anamnestische, diagnostische und interventionistische Fähigkeiten verlangt. Seine Grundhaltung sollte außerdem von Vertrauen, Akzeptanz und einem Sinn für Ganzheitlichkeit geprägt sein. Ihre Grenzen haben psychodynamische Lernberatungszugänge zur Therapie. Während die Lernberatung als ‚Weiter-Bauen' verstanden wird, geht es bei der Therapie vielmehr um ‚Heilung'. Weitere Grenzen sind die Nichtfreiwilligkeit (ohne Freiwilligkeit keine Beratung) und die gesellschaftlichen Rahmenbedingungen (keine Veränderung der sozialen und ökonomischen Situation der Ratsuchenden durch die Beratung). Diese Art der Lernberatung ist vor allem zuerst Beziehungsarbeit. Das bedeutet, eine funktionierende Beziehung zwischen beiden Parteien ist die zentrale Basis für eine erfolgreiche Beratung.[33]

Humanistische Zugänge:

Bei den humanistischen Zugängen steht der Mensch im Mittelpunkt des Beratungsfokus. Ausgangspunkt dieses Ansatzes ist zum einen die Förderung der Kooperationsfähigkeit und Selbständigkeit des Ratsuchenden, zum anderen geht es als zentrales Anliegen aber auch um die Früherkennung, das Vorbeugen und das Verringern von Lernproblemen bei Teilnehmern. Ziel ist es letztlich, die Handlungsfähigkeit des Menschen zu erlangen, es zu fördern und/oder zu stärken. Aus diesem Grund ist die Selbstentfaltungsfähigkeit ein wesentliches Merkmal, das der Ratsuchende mitbringen sollte. Als Gesprächsschema bietet sich folgender Ablauf an: Hervorgehend aus dem Beratungsanlass wird das Beratungsziel festgelegt, die Situation diagnostiziert und die jeweiligen Bearbeitungsmöglichkeiten antizipiert. Anschließend wird in der sogenannten Handlungsphase die Umsetzung der antizipierten Bearbeitungsmöglichkeiten erprobt. Zum Abschluss des Prozesses werden diese Ergebnisse überprüft und ggf. korrigiert. Thema, Anlass, Fragestellung und Ziel sollen dabei ausschließlich vom Ratsuchenden kommen. In diesem Prozess kommt den Lehrenden bzw. den Beratenden die Funktion des Moderators und eines Supervisors zu. Das bedeutet, sie regen mehr und mehr Lernprozesse an und helfen den Teilnehmern bei ihrer Auswertung statt ins Lerngeschehen einzugreifen. Das bedeutet auch, dass sie den Gesamtprozess so zu gestalten haben, dass zum einen die Fachkompetenz, zum anderen aber auch die Lernkompetenz der Teilnehmer erweitert wird. Dies stellt besondere Anforderungen an die soziale, personale und methodische Kompetenz der Berater dar. Da jeder Lernprozess auch durch die jeweils eigenen Erfahrungen und der eigenen Biografie beeinflusst wird, ist es in dem Zusammenhang wichtig, dass der Beratende die reflexive Auseinandersetzung mit der eigenen Lern- und Lebensgeschichte sucht. Bedingt durch den humanistischen Grundgedanken gehört zur spezifischen Grundhaltung des Beratenden, dass er daran interessiert ist, die Stärkung der Selbstwertschätzung der Lernenden weiterzuentwickeln. In dem Zusammenhang ist Empathie und Sachkompetenz in Sachen Lernen auf seiner Seite ebenso Voraussetzung für eine erfolgreiche Lernberatung wie eine vorhandene Ergebnistoleranz. Leitprinzipien, die insgesamt humanistische Zugänge zur Lernberatung prägen, sind zum einen der Biografiebezug. Aber auch die Kompetenzorientierung (die Fähigkeiten und Kompetenzen stehen anstelle der Schwierigkeiten und Defizite im Fokus), die Sicherung der lern- und lebensbiografischen Kontinuität (Individuen sollen sich in ihrer biografischen Kontinuität erfahren), die Reflexionsorientierung (Fähigkeit, über das eigene Danken nachzudenken und in Zu-

[33] vgl. Kossack, P., „Bildungsberatung - Felder, Modelle und Finanzierung", Seite 15 ff.

sammenhängen zu denken) und die Lerninteressenorientierung (Lerninteressen sind zentral für die konkrete Ausgestaltung von Lernwegen und die Ermittlung von Lernzielen) spielen hierbei eine wichtige Rolle.[34]

Systemisch-konstruktivistische Zugänge:

Systemische und subjektive Konstruktionen sind der Beratungsfokus bei systemisch-konstruktivistischen Beratungszugängen. Der Ratsuchende gilt hier als subjektiver Konstrukteur seiner eigenen Welt, da er nur lernt, wie es ihm seine kognitiven Strukturen erlauben, er nur hört, was er hören kann und nur denken kann, wie es seinem Denkstil entspricht. Dies gilt allerdings nicht nur für den Lernenden/Ratsuchenden, sondern gleichermaßen für den Lehrenden/Berater. Von Berater werden vor allem soziale, fachlich-kommunikative und fachliche Kompetenzen hinsichtlich des Beratungsgegenstandes gefordert. Da seine Beratungstätigkeit im genannten Kontext im Normalfall aber über die Beratungsgespräche hinaus geht und in Seminarsituationen ‚mitläuft‘, sind aktives Zuhören und eine Begabung zur pädagogischen Beobachtung weitere Anforderungen an den Beratungsexperten. Die genannte Diagnoseart zielt in erster Linie auf die Wirklichkeitskonstruktionsformen der Teilnehmer ab. Horst Siebert unterscheidet dabei drei Konstruktionsarten: Lernen als Konstruktion von Wirklichkeit, Lernen als Dekonstruktion und Lernen als Rekonstruktion. Und diese drei Konstruktionsarten werden wiederum vier Ebenen zugeordnet, auf denen sie sich vollziehen: Psychologik (persönliche Ressourcen & Voraussetzungen hinsichtlich der Lernerfahrungen), Sachlogik (Struktur eines Inhaltes, eines Themas & der (wissenschaftliche) Stand des Wissens), Handlungslogik (Anforderungen an die Handlungen und ihre Verwendungssituationen) und die Rahmenbedingungen. In dem Zusammenhang ist häufig zu prüfen, ob die Sachlogik und die Psychologik verträglich passend/kompatibel sind. Diagnostisch wichtige Aspekte sind nach Siebert weiterhin das ‚Anspruchsniveau‘, die ‚wünschenswerte Problemtiefe‘, die Anschlussfähigkeit zum Vorwissen des Lerners und das persönliche Lernthema. Systemisch-konstruktivistische Beratungszugänge basieren zudem auf den Prinzipien der Lösungs- und Ressourcenorientierung, der Freiwilligkeit der Teilnahme und der Hierarchiefreiheit. Systemisch-konstruktivistische Zugänge bedingen spezifische Grundhaltungen des Beratenden. Er sollte sich u.a. der Kontingenz seiner Konstruktionen bewusst sein, den Fokus auf die Stärken und nicht auf die Defizite des Ratsuchenden legen, den Teilnehmer ermutigen, als ‚kritischer Freund‘ auftreten und Vermittler zwischen den Teilnehmern und der Institution sein. Hinsichtlich des Ablaufs solcher Lernberatungen lässt sich feststellen, dass sie sehr anspruchsvoll konzipiert sind. So werden zuerst der objektive Bedarf und das subjektive Lernbedürfnis festgestellt. Auf dieser Basis können dann die Lernziele formuliert

---

[34] vgl. Kossack, P., „Bildungsberatung - Felder, Modelle und Finanzierung", Seite 19 ff.

und anschließend die Ressourcen ermittelt werden. Im Anschluss daran werden die Lernstrategien/Lernmethoden ausgewählt, die im weiteren Verlauf umgesetzt und evaluiert werden. Wichtig ist in dem Zusammenhang, dass die Berater der Versuchung widerstehen, die Rolle des ‚Lebenshelfers‘ oder ‚Therapeuten‘ zu übernehmen.[35]

Kritische Zugänge:

Der kritische Zugang, der als subjektwissenschaftlicher Ansatz vorliegt, wurde explizit für bzw. als Onlineberatung entwickelt und ist im Besonderen gruppenorientiert und auf Kooperation angelegt. Ziel dieses Ansatzes ist vor allem, die Voraussetzungen für die Erweiterung der Handlungsfähigkeit der Ratsuchenden zu schaffen. Theoretischer und didaktischer Ausgangspunkt ist hierbei vor allem der Eigensinn der Teilnehmer, denn in diesen Kontexten suchen sie im Besonderen Orientierung und Handlungsoptionen für ihre jeweiligen Handlungssituationen. Neben dem Eigensinn der Lerner erhält besonders das von ihnen eingebrachte Wissen als spezifischer Bedeutungshorizont einen zentralen Stellenwert. Deshalb steht bei der didaktischen Planung auch weniger der zu vermittelnde Inhalt als mehr die erwähnte Handlungssituation der Ratsuchenden im Fokus. Denn da die Teilnehmer selbst Experten ihrer spezifischen Handlungssituationen sind, können Lösungen dieser Probleme nicht einfach von den Lehrenden und Beratenden vorgegeben oder vorgeplant werden. Durch die Verbesserung der eigenen Handlungsoptionen soll dann in der weiteren Folge auch die Teilhabe des Einzelnen an der Gesellschaft aufrechterhalten und verbessert werden. Die Beratung zielt also vor allem auf die Erweiterung und Eröffnung neuer Horizonte, neuer Blickwinkel und neuer Deutungsangebote ab. Dem Beratenden wird dabei insgesamt eine gewisse Prozesskompetenz abverlangt und vor allem sollte er sich dem Prinzip bewusst sein, dass die Ratsuchenden Subjekte mit individuellen Handlungsbegründungen sind. Der Ablauf dieser Fallberatung ist auf vier aufeinanderfolgende Schritte ausgelegt. Zunächst sollte die jeweilige Handlungsproblematik dargestellt und durch mögliches Nachfragen exploriert werden. Anschließend geht es darum, den Fall zu verstehen und einen Zugang zu ihm zu finden, indem alle möglichen Blickwinkel aller Beteiligten eingenommen werden und die Situation so differenziert wird. In der nächsten Phase geht es um die Rekonstruktion latenter Bedeutungs-Begründungszusammenhänge. Dabei gibt es nicht die eine richtige Lesart, sondern hier stehen die Vielzahl und die Differenz der Horizonte und Gegenhorizonte der Beteiligten im Vordergrund. Im vierten und letzten Schritt werden mögliche Handlungsoptionen entwickelt. Ausgehend von den ausgewählten Kernthemen findet in dieser Phase erstmals ein ausdrücklicher Theorie-Input statt. Dadurch bedingt, dass dieser Ansatz das lernende Subjekt differenziert als Ausgangs-

---

[35] vgl. Kossack, P., „Bildungsberatung - Felder, Modelle und Finanzierung", Seite 27 ff.

punkt nimmt, hat dieser Zugang in den letzten Jahren zunehmend an Bedeutung gewonnen.[36]

Differenztheoretische Zugänge:

Im Vergleich zu den bisher vorgestellten Ansätzen, in denen die Beratung quasi ein umfassendes didaktisches Selbstlernarrangement darstellte, ist das Beratungsgespräch bei den differenztheoretischen Zugängen vielmehr in einen Prozess des selbstsorgenden Lernens eingebettet. Das ‚selbstsorgende Lernen' eröffnet dem Ratsuchenden die Möglichkeit, sich zum einen selbst treu zu bleiben, zum anderen aber auch auf gesellschaftliche Wissensbestände und Situationen reagieren zu können. Das ‚selbstsorgende' ist zudem als bedeutendes Merkmal des oder der Ratsuchenden zu nennen. Mit der selbstsorgenden Didaktik werden Wege vorbereitet, die bestimmten didaktischen Prinzipien folgen. Beispielsweise dem Prinzip, dass ein gelungener Einstig in ein Thema durch eine gewisse Komplexität Fragen und Neugier erzeugt, die dann im Laufe des Lernprozesses oder auch des Beratungsprozesses abgebaut werden können. Dazu werden Selbstlernarchitekturen angelegt, in denen die Teilnehmer ihre Selbstlernkompetenzen entwickeln können. Diese Selbstlernarchitekturen zielen dabei sowohl auf die inhaltliche Ebene als auch auf den Autonomiezuwachs der Teilnehmer. Letztlich soll damit die Rücküberführung der Lernprozesssteuerung in die Hände der Lernenden gelingen. Die differenztheoretische Lernberatung stellt dabei die zentrale Interventionsform dar.

Um diesen Beratungsprozess auf den beiden oben genannten Ebenen leisten zu können, werden anamnestische, diagnostische und evaluierende Fähigkeiten vom Beratenden gefordert, denn in dieser Reihenfolge stellt sich der sinnvolle Ablauf dar: Anamnese, Diagnose, Evaluation. Zudem sollte der Berater Prozesskompetenz und eine ausgeprägte Fähigkeit zur Reflexivität mitbringen.

Hermann Forneck unterscheidet die differenztheoretischen Zugänge zur Bildungsberatung zum einen in die Lernentwicklungsberatung und in die Lernbegleitung. Die Lernentwicklungsberatung bezieht sich dabei auf die methodisch-formalen Aspekte des Prozesses, also auf die Frage, wie eine bestimmte Aufgabe und ein bestimmter Inhalt bearbeitet werden kann. Ziel ist es hier, die Reflexivität, die Variabilität und die Virtuosität der Ratsuchenden/Teilnehmer/Lernenden hinsichtlich ihrer formalen Lernkompetenzen zu entwickeln. Die Lernbegleitung dagegen zielt auf den inhaltlichen Aspekt des Prozesses ab.

---

[36] vgl. Kossack, P., „Bildungsberatung - Felder, Modelle und Finanzierung", Seite 34 ff.

Die Beratung findet in diesem Konzept nicht nur auf Nachfrage statt, sondern ist in eine zeitliche und inhaltliche Selbstlernarchitektur eingeplant. Sie findet auch nicht einmalig statt (beispielweise wenn ein bestimmtes Problem auftritt) sondern ist integraler Bestandteil eines didaktischen Arrangements, in dem sich die Beziehung zwischen Lernendem und Lernberatung wie der Lernprozess selbst weiterentwickelt.[37]

---

[37] vgl. Kossack, P., „Bildungsberatung - Felder, Modelle und Finanzierung", Seite 38 ff.

Einsendeaufgabe 5

Ob und wie die Bildungsberatung etabliert ist, hängt in großem Maße von den jeweiligen gesellschaftlichen und politischen Bedingungen ab. In dieser Aufgabe soll die „Geschichte" der Bildungsberatung vorgestellt und anschließend diskutiert werden, unter welchen Bedingungen die gegenwärtige Bildungsberatung (z.b. rechtliche Rahmung; Trägerstruktur) verwirklicht werden kann.

Lösung

Die Beratung im Allgemeinen und die Bildungsberatung im Besonderen haben sich vor allem und am deutlichsten in der zweiten Hälfte des 20. Jahrhunderts entwickelt. Allerdings entstanden schon Ende des 19. Jahrhunderts im Rahmen der Frauenbewegung die ersten Berufs- und Bildungsberatungsstellen. Genau im Jahr 1898 eröffnete die erste ‚Auskunftsstelle für Frauenberufe' in Berlin. Hintergrund hierfür war die Einführung der Freiheit der Berufswahl und die Gewerbefreiheit im 19. Jahrhundert. Man spricht hier auch von der ersten Welle der Bildungsberatung. In den 1950er-Jahren erfährt der Beratungsbegriff dann im pädagogischen Wörterbuch Josef Dolch's auch erstmals Erwähnung im pädagogischen Sinne. 1964 bezeichnet Franz Pöggler in seinem Buch ‚Methoden der Erwachsenenbildung' die Bildungsberatung als neue und wichtige Aufgabe für den Bereich der Erwachsenenbildung, da diese in turbulenten Zeiten Orientierung durch Dritte benötige. [38] „Nach den ersten institutionalisierten Ansätzen zur Bildungsberatung Anfang des 20. Jahrhunderts, die sich dann in den 1920er-Jahren wieder verlieren, weil die Berufsberatung staatlich monopolisiert wird - ein Monopol, das übrigens erst 1998 wieder aufgehoben wird -, wird Bildungsberatung [in Deutschland erst Ende der 1960er- und Anfang der 1970er-Jahre im Zuge der Bildungsreform, M.L.] wieder in der Bildungspraxis institutionell [und diskursiv, M.L.] umgesetzt."[39]

Mehr oder weniger mit dem Beginn der zweiten Welle der Bildungsberatung werden 1966 die ersten Bildungsberatungsstellen in Baden-Württemberg errichtet. Ein erster sehr bedeutender wissenschaftstheoretischer und bildungspolitischer Bezugspunkt ist der Strukturplan des Deutschen Bildungsrates aus dem Jahr 1970 (weitere wichtige Bezugspunkte folgen im Jahr 1973), in dem für das Bildungswesen ‚Beratung' und ‚Weiterbildung' erstmals innerhalb eines konzipierten Gesamtbildungssystems in einen funktionalen Zusammenhang gestellt wird. 1972 wird in Köln die erste trägerübergreifende Bildungsberatungsstelle eröffnet. Im gleichen Jahr findet zum einen die 3. Weltkonferenz zur Erwachsenenbildung in Tokio statt, zum anderen fordert der erste Bericht der Planungskommission Erwachsenenbildung und Weiterbildung des Kultusmi-

---

[38] vgl. Kossack, P., „Bildungsberatung - Felder, Modelle und Finanzierung", Seite 1 ff.
[39] ebd., Seite 5.

nisters des Landes Nordrhein-Westfalen den umfassenden Ausbau der Weiterbildungsberatung. Im Folgejahr (1973) erscheinen nacheinander das Gutachten ‚Volks-
hochschule‘ der kommunalen Gemeinschaftsstelle für Verwaltungsvereinfachung, der
Beschluss der Kultusministerkonferenz ‚Beratung in Schule und Hochschule‘ und der
Bildungsgesamtplan der Bund-Länder-Kommission. In diesen drei Veröffentlichungen
werden die Aufgaben und die Forderungen an die Weiterbildungsberatung weiter aus-
formuliert und konkretisiert. Und schließlich sieht sie der Strukturplan Weiterbildung
(1975) als selbstverständliche Aufgabe der Volkshochschulen an. In diesem Jahrzehnt
wurden zudem zahlreiche Projekte eingerichtet und evaluiert, die eine große Zahl von
Multiplikatoren im Bereich der Beratung erreichte. Zu nennen sind hier vor allem Weiterbildungsprogramme für Erzieher, Lehrer und Weiterbildner. Obwohl gegen Ende der
1970er-Jahre die Welle der Diskussionen über die Weiterbildungsberatung langsam
abebbte, hatte sich bis zu dieser Zeit ein Konsens über die Notwendigkeit der Beratung
etabliert.[40]

Im Verlauf der 1980er-Jahre vervielfältigte sich das Beratungsangebotsspektrum der
Bildungsberatung (Lernberatung, Laufbahnberatung, Weiterbildungsberatung, Kompetenzentwicklungsberatung etc.). Das nächste Jahrzehnt war dagegen dadurch geprägt,
dass sich unterschiedliche theoretische Beratungsansätze in der pädagogischen Beratung herausdifferenzierten (psychodynamische, humanistische, konstruktivistische,
systemische, subjektwissenschaftliche, lösungs- oder ressourcenorientierte Ansätze).[41]
Obwohl in den Folgejahrzehnten die Vorstellungen und Anforderungen an die Weiterbildungsberatung nicht vollständig in der Weise realisiert werden konnten, wie ur-
sprünglich gedacht, spielt sie auch bis in die ‚Neuzeit‘ (national wie international) eine
bedeutende Rolle. So fordert beispielsweise der Deutsche Bundestag im Jahr 2000 in
einem Entschließungsantrag den Ausbau der Weiterbildung(sberatung) und den Abbau
von Defiziten in diesem Bereich. Sechs Jahre später (2006) beschäftigt sich einer von
vier Arbeitskreisen des Innovationskreises Weiterbildung mit der Beratung im Kontext
von Beruf, Beschäftigung und Bildung und spricht entsprechende Empfehlungen aus.
Und schließlich fordert der Rat der Europäischen Union 2008 in vier Leitprinzipien den
Ausbau der Weiterbildungsberatung von allen Mitgliedsstaaten.[42]

Die Bildungsberatung hat sich also seit ihren Anfängen und im Besonderen in den ver-
gangenen Jahrzehnten erheblich verändert. Unter welchen Bedingungen aber kann sie
gegenwertig verwirklicht werden? In diesem Kontext sollen im Folgenden die rechtli-
chen Rahmenbedingungen, die Finanzierung und die Trägerstruktur betrachtet werden.
In dem Zusammenhang können Parallelen zwischen der Erwachsenen- und Weiterbil-

---

[40] vgl. Tippelt, R. & Legni, C., „Weiterbildungsinformation und -beratung“, Seite 5 ff.
[41] vgl. Kossack, P., „Bildungsberatung - Felder, Modelle und Finanzierung“, Seite 5.
[42] vgl. Tippelt, R. & Legni, C., „Weiterbildungsinformation und -beratung“, Seite 6.

dung auf der einen Seite und der Bildungsberatung in der Weiterbildung auf der anderen Seite gezogen werden. Beide sind nur wenig geregelt. Dies hängt im Besonderen am sogenannten Subsidiaritätsprinzip und liegt im Bildungsbereich begründet in der spezifischen verfassungsrechtlichen Aufgabenverteilung zwischen Bund und Ländern. Gesetzliche Regelungen finden sich im Weiterbildungs- und Beratungsbereich längst nicht in allen, sondern nur in wenigen Bundesländern (z.b. Hessen, Niedersachsen, Brandenburg, Rheinland-Pfalz und Schleswig-Holstein). Vielfach wird hier eher allgemein geregelt, dass Bildungsberatung angeboten werden soll. Über die konkrete Form der Bildungsberatung finden sich allerdings keine Angaben. Betrachtet man die Berufsberatung (als Spezialform der Bildungsberatung), stellt man fest, dass diese wiederum auf Bundesebene geregelt und bei der Bundesagentur für Arbeit ‚angesiedelt' ist. Hierzu finden sich im Sozialgesetzbuch (SGB III) konkretere Regelungen.[43]

Beim Thema Finanzierung in der Bildungsberatung zeigt sich die gewichtige Bedeutung der öffentlichen Hand, denn europaweit erfolgt ein sehr großer Teil der Finanzierung durch staatliche Stellen. Dies ergibt sich aus dem Umstand, dass sie häufig Teil des öffentlichen Bildungsauftrags ist. Entsprechend knüpft sich die Finanzierung von Einrichtungen auch an deren Status und deren spezifische rechtliche Grundlage. Private Investitionen fallen im Vergleich dazu eher gering aus. Prinzipiell können vier Finanzierungsmöglichkeiten unterschieden werden: Die Finanzierung durch öffentliche Mittel, durch Gebühren, durch den Träger selbst und durch Spenden. Wie die Gesamtfinanzierungsstruktur beschaffen ist, darüber gibt es bislang keine konkreten Erhebungen. Wichtig ist aber in dem Zusammenhang zu erwähnen, dass Nachhaltigkeit in der Weiterbildungsberatung nur durch eine stabile und kontinuierliche Finanzierung gesichert werden kann.[44]

In der Bildungsberatung lassen sich institutionell unterschiedliche Organisationsmodelle differenzieren. Beratungsangebote können sowohl von öffentlichen als auch von privaten Institutionen ausgehen. Als konkrete Einrichtungen lassen sich auf beiden Seiten z.B. nennen: Volkshochschulen, Bildungsberatungsagenturen, Vereine, Bundesagentur für Arbeit, Stiftungen und IHKn. Beratungsangebote können aber auch sowohl trägerabhängig als auch trägerunabhängig realisiert werden. Trägerunabhängige Bildungsberatung ist im Vergleich zur trägerabhängigen Beratung prinzipiell stärker an den Interessen der Ratsuchenden orientiert, sofern ihr Mandat nicht an die Umsetzung konkreter Bildungsangebote gekoppelt ist. Trägergebundene Beratung erfolgt dagegen meist nicht neutral, da sie nur einen Ausschnitt eines umfangreichen und differenzierten Angebots in den Blick nimmt. Da ein effizient funktionierender Weiterbildungsmarkt

---

[43] vgl. Kossack, P., „Bildungsberatung - Felder, Modelle und Finanzierung", Seite 76.
[44] vgl. ebd., Seite 77.

umfangreiche Informationen über das plurale Angebot voraussetzt, wird grundsätzlich ein verstärktes öffentliches Engagement in der Weiterbildungsberatung gefordert. Der oben schon erwähnte Innovationskreis Weiterbildung beschäftigt sich in diesem Kontext mit der Verbesserung diesbezüglicher Transparenz. Vorhandene Datenbanken zu vernetzen, Informationsportale aufzubauen und eine telefonische Beratungshotline zu erproben, gehört in diesem Zusammenhang zu seinen Aufgaben und Zielen.[45]

---

[45] vgl. ebd., Seite 77.

Literaturverzeichnis

Arnold, R. u.a. (2010). Wörterbuch Erwachsenenbildung. 2. Auflage. Verlag Julius Klinkhardt. Bad Heilbrunn.

DIE - Leibniz-Zentrum für Lebenslanges Lernen e.V., Servicestelle ProfilPASS (Hrsg.). ProfilPASS-System. Online verfügbar unter http://www.profilpass.de/fuer-nutzer-innen/profilpass-system/ (Stand: 2017) *(abgerufen am 01.08.2017)*.

Gutschow, K. u.a., Anerkennung von nicht formal und informell erworbenen Kompeten-zen (Bericht an den Hauptausschuss). Online verfügbar unter https://www.bibb.de/veroeffentlichungen/en/publication/download/6258 (Stand: 2017) *(abgerufen am 01.08.2017)*.

Kossack, P. (2016). Bildungsberatung - Felder, Modelle und Finanzierung. Studienbrief EB 0920 des Master-Fernstudiengangs der TU Kaiserslautern. Unveröffentlichtes Ma-nuskript. Kaiserslautern.

Staatsinstitut für Schulqualität und Bildungsforschung (Hrsg.). EU-Bildungs-programme. Online verfügbar unter http://www.eu-bildungsprogramme.info/index. asp?MNav=0 (Stand: 2017) *(abgerufen am 01.08.2017)*.

Stiftung Warentest (Hrsg.). Weiterbildungs-Datenbanken. Online verfügbar unter https://www.test.de/Weiterbildungs-Datenbanken-Keine-ist-perfekt-1107046-0/ (Stand: 2017) *(abgerufen am 01.08.2017)*.

Tippelt, R. und Legni, C. (2015). Weiterbildungsinformation und -beratung. Studienbrief EB 0910 des Master-Fernstudiengangs der TU Kaiserslautern. Unveröffentlichtes Ma-nuskript. Kaiserslautern.